क़तरा-एक बूँद

QATRA-EK BOOND

पवन

मेरे प्यारे परिवार के नाम, मैं ये स्मर्पण लिखता हूँ।

यह हिंदी-उर्दू शायरी संग्रह मेरे जीवन के सभी महत्वपूर्ण पलों को तोह नही दर्शाता है, परंतु ये मुझे उन दिशाओं को दिखाने में मदद करता है।

इस रचनाकार की माता-पिता, बहन और दोस्तो ने मेरे अभिव्यक्ति को स्थायी रूप दिया है और मुझे अपनी संस्कृति और भाषाओं के प्रति प्रेम और सम्मान की शिक्षा दी है।

मेरे परिवार के बिना मैं यहां नहीं होता और इस किताब का जन्म नहीं होता। मैं इस शायरी संग्रह को अपने परिवार को समर्पित करता हूँ, उनका आभारी हूँ और उन्हें सदैव याद रखूंगा।

क्रम-सूची

क्रम-सूची

भूमिका

मैं एक युवा लेखक हूँ जो भारत के विभिन्न हिस्सों में रहा है। मेरी आंखों में लोगों की भावनाएं और उनका प्यार नजर आता था, जिसे मैंने एक कागज पर लिख दिया। मैंने पुरानी पंजाबी-उर्दू सूफ़ियों और संतों जैसे बुल्ले शाह से प्रेरणा ली, जो मुझे इसे लिखने के लिए प्रेरित किया।

यह बुक रोमांटिक हिंदी उर्दू अंग्रेज़ी शायरी के बारे में है, जो मेरी खुद की अनुभव से लिखी गई है। इसमें मैंने प्रेम की विभिन्न रूपों को उजागर किया है और लोगों के संबंधों के मायने को शब्दों में व्यक्त किया है।

मेरा लेखन मेरी संस्कृति और मेरी यात्राओं का परिणाम है, जिनमें मैंने विभिन्न लोगों, उनकी भाषाओं और संस्कृतियों के साथ रहते हुए अनेक ज्ञान और अनुभव प्राप्त किए हैं। यह शायरी संग्रह मेरी भूमिका है और इसे मैं अपने सभी पाठकों को समर्पित करता हूँ।

1. Lafz

Main bolna toh bahut kuch chahta hu par bol
Nahi sakta,
Lafaz toh hai par saujaat Nahi hai,
Jazbaat toh hai par aitmaad Nahi,
Ihsaas toh hai par zarf nahi,
Itbaar toh karna chahta hu par gumman Nahi

...

2. लफ़्ज़

मैं बोलना तो बहुत कुछ चाहता हूं पर बोल नहीं सकता,
लफज तो है पर सौजात नहीं है, जज़्बात तो है पर ऐतमाद
नहीं,
एहसास तो है पर जरा नहीं,
इतबार तो करना चाहता हूं पर गुम्मन नहीं

3. الفاظ

میں بولنا تو بہت کچھ چاہتا ہے پر بول نہیں سکتا،
لفاظ تو ہے پر سجاٴت نہیں ہے،
جزبات تو ہے پر اعتماد نہیں،
احساس تو ہے پر ظفر نہیں،
اِتبار تو کرنا چاہتا ہے پر گماں نہیں

...

4. Kadam

Jaanata hoon main, yoon to
tum kabhi naa miloge
phir bhee tumko hee
dhoondhen ye Kadam

...

5. कदम

जनता हूं मैं,
यूं तो तुम कभी ना मिलोगे,
फिर भी तुमको ही,
ढूंढेन ये कदम।

6. Prerna

Pyar toh chahata hu par kar Nahi paa raha,
Yay zindagi se jeene ki bhi tammana ab uth
chuki hai,
Koi chutiye toh koi Bewakoof bolta hai,
Kissi ko Kya pata mere andar Kya chal raha
hai,
Har ek ko bus gyaan dena hai,
Par kissi ko thora sa honsla nahi dena hai,
Bhola toh main hu jo logo pe bharosa karta hu,
Jab koi kissi ka iss Nahi duniya mein toh Kya
Wafa toh Kya kafa

7. प्रेरणा

प्यार तो चाहता हूं पर कर नहीं पा रहा,
ये जिंदगी से जीने की भी तम्मना अब उठ चुकी है,
कोई चुतिये तो कोई बेवकूफ बोलता है,
किसी को क्या पता मेरे अंदर क्या चल रहा है,
हर एक को बस ज्ञान देना है,
पर किसी को थोड़ा सा होसला नहीं देना है,
भोला तो मैं हूं जो लोगो पर भरोसा करता हूं,
जब कोई किसी का इस्स नहीं दुनिया में तो क्या वफा तो
क्या कफ।

8. Rooh

Yay Sama bhi dal jayega,
Yay aalim bhi khatam ho jayega,
Pato ko jharta hua Dekh,
Yay rooh ke saath yay jisam bhi dal jayega.

9. रूह

ये समा भी ढल जाएगा,
ये आलिम भी खत्म हो जाएगा,
पतो को झरता हुआ देख,
ये रूह के साथ, या जिसम भी ढल जाएगा।

10. Golden Dust

Aaj itna akela par gaya hu ki sab kuch hote
hue bhi akela hu,
Dost toh hai par sahara kahi bhool Gaya,
Gum toh hai lekin hasna choot gaya,
Nayi ibtida toh kar lu par wo Qeher se bari
maazi ka Kya karu,
Yay Pyar zawal hai par mayaassar ni isse hasil
karte karte kaha main maru,
Khoab tha tu pehla par adhura he reh Gaya,
Tu saath hota toh aaj yay na kehta.

11. सुनहरी धूल

आज इतना अकेला पर गया हूं कि सब कुछ होते हुए भी
अकेला हूं,
दोस्त तो है पर सहारा कहीं भूल गया,
गम तो है लेकिन हसना छूट गया,
नई इब्तिदा तो कर लू पर वो कहर से बारी मांजी का क्या
करूं,
या प्यार ज़वल है पर मायाआसर नी इसे हासिल करते
करते कहा मैं मारू,
खोआब था तू पहला पर अधुरा ही रह गया,
तू साथ होता तो आज या ना कहता।

12. Kimat

Ek talukaat toot raha toh dusra jur raha hai,
Par kis kimat pe?
talukaaton ko jorte jorte apne aap ko tor raha
hu main,
Bikhar raha hu main,
Bahut Kuch keh ke bhi, kuch keh nahi pa raha,
Dil toh yay Pagal hai jo mana raha hai tujhe.

13. कीमत

एक तालुकात टूट रहा तो दूसरा जुर रहा है,
पर किस कीमत पर?
तालुकातों को जोरते जोरते अपने आप को तोर रहा हूं मैं,
बिखर रहा हूं मैं,
बहुत कुछ कह के भी, कुछ कह नहीं पा रहा, दिल तो या
पागल है जो मन रहा है तुझे।

14. Dooriyan

Jisim bhi roya, rooh bhi roi, dil bhi roya;
Ye rishto ke dorriyon ko sambhlate-sambhalte
apne aap ko Diya hai Maine kho;

15. दूरियां

जिस्म भी रोया,
रूह भी रोई,
दिल भी रोया;
ये रिश्तों की डोर को संभालते हैं मैंने अपने आप को दिया
खो ;

16. Ishq

Ishq Uss Bala ka naam hai;
jo insaan ko zido zehet se bhi Nahi milti;
kadmo se karmo tak sab naapti bhi hai aur
baapti bhi hai;
ye khata toh nahi hai ,par Uss se kam bhi Nahi
hai;
masla ye Nahi ki Ishq kiya hai, masla toh ye
hai dil de ke bhi dil Nahi Mila hai.

17. इश्क़

इश्क उस्स बाला का नाम है;
जो इंसान को जीत से भी नहीं मिलती;
कदमो से कर्म तक सब नापती भी है और बापती भी है;
ये खता तो नहीं है, पर उससे कम भी नहीं है;
मसला ये नहीं कि इश्क किया है,
मसला तो ये है दिल दे के भी दिल नहीं मिला है।

18. Labo Pe Muskurahat

tumse mohobbat badi kamal ki thi,
tumse meelo dur the mgr labo pe muskurahat
bs tumhare naam ki thi.

19. लबों पे मुस्कराहट

तुमसे मोहब्बत बड़ी कमल की थी,
तुमसे मीलो दूर थे मगरलैबो पे मुस्काहट बस तुम्हारे नाम
की थी।

20. Hum-Tum

Wo they toh hum they,
Magar jab hum they toh wo Nahi they,
Par jazbaat toh fir bhi hamesha they,
Unke liye kuch alfaz beyaaan kiye,
Fir wo itfaqan rooth Gaye,
Arey choro kuch jazbaat hé toh they!!!

21. हम-तुम

वो थे तोह हम थे,
मगर जब हम थे तो वो नहीं थे,
पर जज़्बात तो फिर भी हमेशा थे,
उनके लिए कुछ अल्फाज़ ब्यान किए,
फिर वो इत्फाकान रूठ गए,
अरे छोड़ो कुछ जज़्बात है तो थे !!!

22. Raat

Ye raat aakhri hui toh Kya karoge,
Yun kisse dokhe de kar apna man behlaoge,
Agar hum hé na rahe toh Kiss se baat karke
uska dil dukhaoge

23. रात

ये रात आखिरी हुई तो क्या करोगे,
यूं किस्से दोखे दे कर अपना मन बहलाओगे,
अगर हम ही न रहे तो किस से बात करके उसका दिल
दुखाओगे

24. Gehrayian

Zindagi ek samundar ki gehrai hai,
Utni he gehrai se tumse Mohhbat hui hai ,
Jiss din tumhe lehro ka ehsaas hone lage,
Smj jana tumhe aapne aapse dur krne ki zurrat
ki gyi hai.

25. गेहराईआं

जिंदगी एक समुंदर की गेहराई है,
उतनी ही गेहराई से तुमसे मुहब्बत हुई है,
जिस दिन तुम्हें लहरों का एहसास होने लगे,
समज जाना तुम्हें अपने आप से दूर करने की जुरत की
गई है।

26. Khuli Kitab

Ek kitaab ki tarah hu mai
Jiske jasbaat nhi bdlenge alfaaz nhi bdlenge
Kabhi yaad aaye meri toh bus panne palta ke
dekh lena
Aaj ham jaise hai kal bhi vaise he milenge

27. खुली किताब

एक किताब की तरह हूं मै,
जिसके जस्बात नहीं बदलेंगे, अल्फाज नहीं बदलेंगे,
कभी याद आए मेरी तो,
बस पन्ने पलटा के देख लेना,
आज हम जैसे हैं कल भी वैसे ही मिलेंगे

28. Roothna

Jo ham rooth jaaye toh hame manaye kon,
Muskil mei gale se lagane wala tha he konm
Kuch toh baat thi usme pr dil ki baatein lafzon
pr laaye kon.

29. रूठना

जो हम रूठ जाए तो हमें मानआये कौन,
मुस्किल में गले से लगाने वाला कौन,
कुछ तो बात थी उसमे पर दिल की बातें लफ्जों पर लाए
कौन।

30. Jazbaat

Panno pe aapne jasbaat kab tak likhenge,
Dil se hoont pe labz lake kab tk rukenge,
Ek baar tumhe apna bana lenge kainaat ki har
khushi tumhare naam kr denge.

31. जज़्बात

पन्नो पे अपने जस्बात कब तक लिखेंगे,
दिल से हूंट पे लैब्ज़ लेक कब टीके रुकेंगे,
एक बार तुम्हें अपना बना लेंगे कायनात की हर खुशी
तुम्हारे नाम कर देंगे।

32. Eventually

Let your head find my lap
With my hair filling your finger's gap
Just like nights find our busy minds
Just like the water, that thirsty man finds
I'll be quiet, when you speak & Sometimes i'll
pretend to be weak
Waiting for you to make me feel protected
Um i know its kinda unexpected .
I'd say "Pour me a drink"
I'd look at you & wink
Melting my hesitation along with the frost So
please, dont loose me at any cost
& when you'll rest your stretched neck on my
thigh
I'll put my hand on your head with a lover's
sigh
Promising to grow old like this
& i had to i m gonna wait in line for their
geranium kiss
Give me your passion
Along with that immense compassion
The topics you keep in your throat

The bruises you hide under that black coat
Tell me your meaningless rants
When was the last time, you felt alone with
those outburts And those suffocating sobs
The last time you were left alone with your
probs.
Give me those glances
With 100s of chances
Your hands on my face
The pages that turn our friendship into
infatuation
Not actually
But eventually

33. Eyes

Look straight into my eyes & tell me the truth
You know, I try But I m not a well-known sleuth
In view of the fact, I want you
When I turn on the other side of the bed
Well, can we stay like this till the very end !?
You know,
How much I cared
Tam is an overthinker, & now I m scared.
I feel your arms longing for me, Tll be there
just count till three
Can we make our story,
As some melodramatic play?
& In this world of black and white, can you still
be my grey?
Since I promise, not to betray
I'm just a Noob poet trying to ask
Can you please stay?